잊을 수는 있어도
지울 수는 없는 것

김근태 제2시집

문학공원 시선 274

잊을 수는 있어도
지울 수는 없는 것

김근태 제2시집

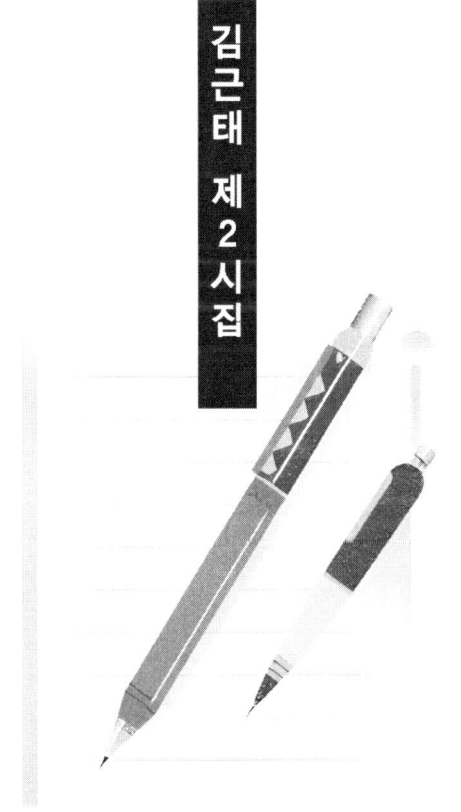

문학공원

시인의 말

두 번째 시집입니다.
시집을 두 권이나 냈으니 이제는 시선집 내는 것도 가능해졌군요.

1부는 풍자
2부는 사랑
3부는 취미
4부는 일상
이렇게 주제별로 꾸며보았습니다.

누가 그러더군요. 자식을 휴머니스트로 키우고 싶다면 가장 먼저 해야 할 일은 부부간의 금실이 좋아야 하는 거라고…. 그런데 인제 보니, 굳이 부모님이 아니어도…, 집안 어른 중에 이런 분들이 계시다는 것만으로도 효과는 만점이더군요.

명문여대를 나오신 간호사이시면서도 친정 식구들의 엄청난 반대를 무릅쓰고 저희 집안으로 시집와주신 당숙모님께 이 시집을 바칩니다.

차례

시인의 말 … 5

1부. 내가 속한 현실은

배트맨 … 12
생물 시간 … 14
똥통대학들 … 16
검증 … 17
가을 전어 … 18
요즘 뉴스 … 20
광복절 … 22
직업에 관한 단상 … 23
미각 광증(味覺 狂症) … 24
희망 사항 … 26
이유 … 27
주민센터에서 … 28
노인을 위한 나라는 없다 … 29
저승 가는 데도 뇌물이 든다면 … 30
곰스크 … 32
악역 … 33
화장실 … 34
실버타운 … 35
임대 … 36
연철의 소망 … 37
어느 비겁자를 회상하며 … 38
기러기 아빠 … 41
부모 마음 … 42

2부. 사랑하는 만큼 사는 것, 그것이 인생이다

애(愛) - 잊을 수는 있어도 지울 수는 없는 것 … 44
신발 … 47
결혼기념일 … 48
어느 노부부 … 50
불꽃 … 52
집 … 54
천생연분 … 55
사랑의 속성에 관하여 … 56
동명이인 … 57
폭포 … 58
강가에서 … 59
만약 내게도 … 60
신방 … 61
동자삼 인연 … 62
옛날옛적에 … 64
어느 남자의 고백 … 66
운명 … 67
선생님의 긴 머리 … 68
사랑에 관한 어느 단상 … 70

3부. 바둑판과 검도장 그리고 여행길

바둑 독학기 … 72
바둑판 앞에 앉으면 … 74
행마 … 75
의수(義手) … 76
견(見)하지 말고 관(觀)하라 … 78
신의 한 수 … 79
로마 공항에서 … 80
줄리엣 생가에서 … 82
스위스 등반 열차에서 … 84
베르사유에서 … 86
대영박물관 한국관에서 … 88
대영박물관 이집트관에서 … 90
통영꿀빵 … 91
은하철도는 워드프로세서처럼 … 92
메텔에게 … 94

4부. 일상의 단상들

보도블록 길 … 98
신문 배달 시절·1 … 100
신문 배달 시절·2 … 102
신문 배달 시절·3 … 103
새치 … 104
시에 관하여 … 106
커피 한 잔 … 107
아스피린 … 108
황혼 … 109
바위 … 110
샐러리맨 … 111
입춘 … 112
트레이싱페이퍼를 태우다가 … 113
5월 10일 … 114
우울하다 … 116
봄비 … 118
오월 … 119
폭염·1 … 120
폭염·2 … 122
시조 시인에게 … 123
방귀 … 124
세월 … 126
인생 … 127

작품해설
현실의 삶과 모순된 사회의 거리조정 시학
김순진 (문학평론가 · 고려대 미래교육원 교수) … 130

1부.
내가 속한 현실은

배트맨

슈퍼맨처럼 하늘을 나는 재주도 없고
스파이더맨처럼 벽 기어오르는 재주도 없다
하늘을 날 때는 자가용 비행기를 사용하고
벽 기어오를 때는 튼튼한 로프를 사용한다

돈이다
돈이면 자가용 비행기도 살 수 있고
튼튼한 로프도 살 수 있다
초능력 없어도 돈만 많으면
슈퍼 히어로 노릇도 얼마든지 가능하다

악의 세력은 정의의 힘이 아닌
돈의 힘 앞에서 굴복한다

네 돈 아니고 네 부모님 돈이지만
능력 있는 부모 만나는 것도 능력이라고 우긴다
데리고 다니는 로빈이라는 조수 놈도 맞장구친다
조수가 무슨 힘이 있겠니
고용주가 그렇다면 그렇다고 해야지
해고당해 실업자 되지 않으려면 그렇다고 해야지

안 그래도 취업하기 힘든 세상인데

자본주의의 상징 미국을 대표하는 영웅
국수주의 논란에 시달리는
슈퍼맨 원더우먼
캡틴 아메리카를 모두 능가하는 영웅
어쩌면 미국 현 대통령도 재벌 출신이라는 이유로
슈퍼맨보다는 배트맨을 선호하는지도 모르지

자본주의는 돈
초능력보다 무서운 돈의 힘
그 힘으로 오늘도 악당들을 응징하는
그대의 이름은 머니맨이 마땅하지만
그대가 부탁하니 배트맨이라 부르겠소

생물 시간

〈생물학을 공부하는 이유〉
1. 생물학 지식 습득을 통한 지적 만족
2. 생물학 지식을 통한 사회 공헌

"그래! 솔직히 1번이 정답이지!"
참고서에 나온 문구를 보신 선생님의 표정에선
왠지 모를 씁쓸함이 느껴졌다

이타적이 아닌
이기적 목적으로 하는 공부

사랑으로 가정 이루고
사랑으로 자식 낳고
사랑으로 사회 봉사하는
그런 제자들을 키워내야 함에도

일류대 진학밖에 모르는 교육
천국 가는 법은 안 가르치고
일류대 가는 법만 가르쳐야 하는 교육

생물학은 생명에 관한 학문
생명의 탄생은 사랑이어야 함에도

- 내가 이런 교육이나 시키자고 선생이 된 건 아닌데

어쩌면 그날 선생님께서는
생전 처음으로 자괴감이란 것을 느끼셨는지도 모른다

똥통대학들

명문여대 나오신 어느 아주머니
S대 출신에게 시집가셨지만
똥통대학 출신이란 소리만 듣다가 이혼하셨다

우리나라는 S대가 최고 대학이니
다른 대학은 모두 똥통대학이라는 게
그 잘나신 서방님의 생활신조셨단다

지금은 중졸 남자와 재혼해서
하루하루가 행복 그 자체라신다

어느 신부님 방송 출연해서 말씀하시길
S대 출신에게 시집간 여자치고
행복하게 사는 여자를 못 보셨다는데

갑자기 궁금해진다
신데렐라는 과연 행복했을지 갑자기 궁금해진다
백마 탄 왕자에게 시집가서 과연 행복했을지

검증

학벌이 성실함의 척도라지만
누구는 집이 가난해서 학원도 못 다니고
열심히 공부하고도 수도권 대학은 가질 못했고
누구는 집이 부유해서 강남 유명 족집게 학원 다니고
놀면서 공부하고도 서울대 연고대를 갔다

학벌이 능력의 척도라지만
서울대 출신 대통령이 두 번이나 나왔는데도
두 번 모두 나라가 망했고
뒷수습은 오히려
고졸 대통령, 중앙대졸 대통령이 해야만 했다

사회적으로 문제가 될 정도로까지
학벌을 따지는 나라
뭐? 검증이 된 인재를 쓰고 싶은 것뿐이라고?

인간의 다양한 재능을 학과성적표로만 측정하는 나라
나무만 보고 숲을 보지 못하는 나라

검증하려면 똑바로나 해라, 이 모지리들아!

가을 전어

가을 전어 굽는 냄새에
집 나간 며느리도 돌아온다는데
그 망할 년은 돌아올 생각도 않는다고
오늘도 투덜거리신다

없는 형편에 무리해서 대학은 마치게 해줬더니
서울대도 아니고 연고대도 아니고
어쨌거나 수도권 4년제 대학이라
지방대보다는 나을 줄 알았더니

취업 안 되니까
운명에 도전장 던지는 셈 치고 사법고시 도전했는데
미역국만 먹다가 그나마도 폐지되고
로스쿨은 가정 형편상 꿈도 못 꾸고

이런 와중에 믿었던 며늘아이마저 도망가서
완전 폐인 됐다는 우리 아들
어떡하면 좋으냐는 아주머니

신세 한탄 한바탕 하시고서

전어구이 맛 좀 보라며 놓고 가시는데

맛은 분명히 있던데
마음은 왜 이리 씁쓸하냐

요즘 뉴스

연일 비가 쏟아지는 10월 중순
다 늦어서 무슨 장마냐

눈물인지도 모르지
진작 기술 쪽으로 빠졌어야 하는 것을
학벌 중시하는 분위기에 휩쓸려
괜히 대학 갔다가 취업은 안 되고
봉급 많이 준다는 말에 혹해서
캄보디아 갔다가 감금당하고
탈출하려다 붙잡히고 고문당하고
죽으면 소각장 보내지고

세상이 이 모양인데 어떡하느냐
맞춰 살아야 할 거 아니냐
그 말 듣고 스펙에만 집착했다가 신세 망치고
원인 제공자인 세상은 결과를 책임질 생각도 않는다

음식점에 전화했더니 배달기사 없다고 한다
명색이 대학물 먹었다고 배달일은 싫다는 거냐
그래서 택한 게 고작 캄보디아냐

우리보다 못사는 나라에서
우리보다 많은 봉급 주길 바라냐

꼴에 지성인이라고 잘난체하지만
진정한 지성이란 무엇인지에 대해 생각해보게 만드는
10월 중순의 어느 비 오는 날 저녁

광복절

광복은 됐는데
친일청산은 못 했다

활활 타는 불보다
완전히 끄지 못한 불이 더 무섭다

두 여인이 있었다
둘 다 강간을 당했다

한 여인은 강간범과 결혼까지는 안 했지만
한 여인은 강간범과 결혼까지 해야만 했다

세월이 이렇게나 오래 흘렀는데도
아침에 눈만 뜨면

맨 먼저 들어오는 것이
옆에 누워있는 강간범 얼굴이다

직업에 관한 단상

아내는 의대 교수
남편은 트럭 운전기사

아내가 퇴근할 시간 되면
남편이 와서 트럭으로 모셔간다

이상하게 보는 사람은 아무도 없다
직업에 귀천이 어디 있냐는 독일 학생들의 말
너무나 당연한 말인데도
유학 중이신 신부님께선 깜짝 놀라셨다

그래 성 요셉께서도 목수이셨지
다른 사람도 아닌 하느님의 양부께서도 블루칼라셨지

오늘도 자기 자식만큼은 화이트칼라 되게 해달라고
화이트칼라에게 시집가게 해달라고
블루칼라의 양아들이신 예수님께 열심히 기도하는
대한민국, 아니 대학민국의 학부모님들

미각 광증(味覺 狂症)

줄이 길다
너무 길다
이렇게까지 줄을 서야 할 정도로
맛있는 집이라고 한다

사투리도 간간이 들린다
아주 머언 지방에서도 달려왔나 보다
이 기막히다는 맛을 보기 위해
기나긴 줄의 중간중간에는
아예 휴대용 의자까지 챙겨와서 앉아있는 경우도 있다

소를 잡으면 외국인들은 4~5등분 나눈다는데
한국인들은 200여 등분으로 나눈다는
세계에서 미각이 제일 발달했다는 민족

개를 잡을 때도
때려서 잡아야만 맛이 있다고 해서
아주 고통스럽게 죽이는 민족
때렸을 때와 때리지 않았을 때의
맛의 차이가 나 봤자 얼마나 나길래

〈

똥구멍이 찢어지도록
배고픈 역사를 살아왔다기에
먹을 수만 있는 것이면
맛은 상관 안 하는 줄 알았는데
왜 이리 까다로운 입맛이냐
정말 초근목피로 연명한 게 맞는 거냐

슈퍼 히어로 스토리에 열광하는 것은
사회가 어렵다는 증명이듯
맛집 프로그램만 방영하는 것은
정신적 공허함이 크다는 증명이라는데

시각, 청각, 후각, 촉각 때문에 이 난리를 치진 않는다
미각, 오직 미각 하나만이
오늘도 여기저기서 인간 띠의 길이가
천문학적일 수도 있음을 보여주고 있다

오는 길에 보니 또 서점 폐업했다
다 같은 양식인데
마음의 양식은 너무도 처먹지를 않는구나

희망 사항[*]
- 김석인 시인의 시 「멋쩍은 독서」를 읽고

전철 안에서 시집을 펼쳤다가 주위를 보니
모두가 스마트폰 삼매경이라
멋쩍은 마음으로 불온서적 감추듯
슬그머니 종이책을 접으셨다는 사연[**]

요즘은 시도 소설도 스마트폰으로 보는 시대
어렸을 적 TV에서 방영했던 SF 애니메이션에서는
21세기에도 여전히 종이책이던데
21세기가 현실이 되니까 종이책 아닌 스마트폰이구나

과학 문명이 아무리 발달해도
책만큼은 계속 종이책이었으면 했는데
스마트폰보다 종이책이 눈 건강과 정서에 좋아
교과서만큼은 계속 종이책으로 하기로 했다는
어느 외국 학교 이야기가 생각나는
독서의 계절 가을의 문턱

[*] 이 시는 ≪한국문학인≫ 2024년 겨울호에 실린 김석인 시인의 시 「멋쩍은 독서」를 읽고.
[**] 1연은 김석인 시인의 시 「멋쩍은 독서」의 전체 내용을 인용해서 요약한 것임.

이유

선거 유세 때도
TV 토론 때도
참 모자랐다
참 모자란 후보였다

그런데도 당선됐다
그런데도 유권자들은 그를 찍어주었다
S대 나왔다고

호박이 줄 긋는다고 수박 되는 거 아닌데
고양이가 목도리 두른다고 사자 되는 거 아닌데
무능력자가 S대 나왔다고 제갈공명 되는 거 아닌데

그랬다
이유는 그거 하나뿐이었다
S대 나왔다고

주민센터에서

한평생 양손으로
이 일 하시랴 저 일 하시랴
고생을 너무 하셨다는 어느 아주머니
양손 지문이 모두 닳아서 주민센터 갔더니
지문인식기가 감별을 못 하더란다

한평생 모은 재산 사회에 헌납하셨지만
정작 사회는
기계조차도 그분을 알아보지 못하더란다

노인을 위한 나라는 없다*

점심때 돼서 식당 갔더니
사람은 없고 기계가 있다
요즘 젊은 애들이 말하는
키오스크라는 건가 본데 조작법을 모르겠다
물어보려 해도 식당 안에 사람이 없다
밖에 나와서 물어보니 자기도 모르겠단다
젊은 애들이면 알 텐데
오늘따라 젊은 애들만 보이질 않는다

점심 굶었다

* 에단 코엔, 조엘 코엔 감독 형제의 영화 제목을 인용함.

저승 가는 데도 뇌물이 든다면*

죽는 조상의 입속에 구슬 여러 개를 넣었다
저승 갈 때 여비로 쓰라는데

구슬은 비싸고 진귀할수록 좋다 한다
이유는 간단하다
그래야 염라대왕이 좋아한다고

여비가 아니라 뇌물이었군
사실이라면 염라대왕도 썩었군
이런 주제에 남을 심판한다고

서양에서는
사자(死者)의 입에 동전 한 닢만 물렸다는데
카론**에게 줄 뱃삯이었단다

서양은 진짜 여비인데
우리는 여비를 가장한 뇌물

뇌물과 떡값의 차이를 정확히 말할 수 있는 사람이 없는 나라

저승 가서까지도 뇌물 쓸 궁리를 하는 나라

* 천상병 시집 제목 "저승 가는 데도 여비가 든다면"에서 인용하여 변형하다.
** 그리스 신화에서 죽은 사람의 영혼을 저승으로 인도한다는 뱃사공의 이름.

곰스크*

곰스크에 가기 위해 오늘도 돈을 모은다
곰스크 간다고 행복해진다는 보장도 없는데
오늘도 돈을 모은다
곰스크에서 오는 사람들
모두 행복한 표정인 것도 아닌데
오늘도 돈을 모은다

주유는 제갈량을 이기지는 못했으나
제갈량이 갖지 못한 것을 갖고 있었으니
아름다운 아내

그대가 중간역에서 아내의 모습만 바라보다
기차 놓쳐서 가지 못한 곰스크

제갈량 이기지 못한 걸 한탄하며 죽어가듯
곰스크 가지 못한 걸 한탄하며 죽어간다

* 프리츠 오르트만의 단편소설 「곰스크로 가는 기차」에 나오는 지명

악역

힘든 하루 끝내고 집에 와도
아이들 얼굴 보기가 민망하다

- 아빠는 좋은 사람역으로는 나올 수 없어?

선역도 맡겨만 준다면
잘 해낼 자신 얼마든지 있는데
아니 아니 자신 있는 게 아니라
정말로 잘 해내는데

그 얼굴로 무슨 연기자를 하느냐는 소리
숱하게 들으면서도 연기가 좋아
그냥 좋아 시작한 길인데

거울 속 저 얼굴
그냥 악인이 아니라
인간이기를 포기한 악인 같다는데
내 눈에만 측은하게 보이는 것인가

화장실
- 어느 난민 구호 캠페인을 보고

이상한 사람 있을까 봐
화장실도 맘대로 못 간다는 난민 캠프 소녀들

엄마 오실 때까지 기를 쓰고서라도
참고 참아야 한다는 난민 캠프 소녀들

저러다 병나지!

나도 어렸을 적 귀신 무서워
화장실 가기 겁났는데

인제 보니 정말로 무서운 것은
귀신이 아니라 인간이더라*

* 스티븐 킹의 말을 인용하다.

실버타운

어느 어르신
실버타운 입주하셨다더니
도로 나오셨다

만날 모여서
자기 자랑 자식 자랑
옛말에 자랑하면 팔불출이랬는데
그래도 자랑
자랑할 것 없으면 외계인 취급
그 안에도 계층이라는 것은 존재하더란다

가난하고 별 볼 일 없어도
마음 따뜻한 이웃과 담소 나누며 살고 싶어
어렵게 들어가신 그곳에서
도로 나오셨단다

임대

어릴 적 살던 동네
오랜만에 찾아가 본다
단골이었던 식당에 가보니
딱 두 글자만 나를 반긴다

임대

오랜만에 느껴보려던 옛 맛은
이제 과거의 저편으로 완전히 흘러가 버려
돌아오긴 글렀고
여기도 저기도 두 글자로 된 같은 단어만
나를 반긴다

자영업자들 힘든 거 어제오늘 일 아니지만
회복될 줄 모르는 경제는
급기야는 추억마저 앗아가 버린다

연철의 소망
- 조병화의 시 「당나귀」를 변주하여

여러분 삿대질하지 마시오
너무 뭐라 하지 마시오

환영 팡파르 울려 퍼지고 오색 테이프 날리는 이 길을
아무런 상관없이 나도 행진합시다

어쩌다 멋모르고 태어난 연철 한 덩이
나 한 덩이

약자에게 교만하고 강자에게 비굴한 것이 죄라면
어쩔 수 없는 죄인올시다

강철이 되지 못한 것이 죄라면
어쩔 수 없는 죄인올시다

여러분 그렇게 삿대질하지 마시오
자꾸만 뭐라 하지 마시오

어쨌거나 철은 철이니
강철들 사이에 끼어 행진 좀 해봅시다

어느 비겁자를 회상하며

중학 시절
반장이 이민 가는 바람에
부반장에서 반장으로 올라간 녀석

공부도 잘했고 생긴 것도 멀끔했지만
마음은 야비했다

폭력 행사하는 애들한테는 아무 소리 못 하면서
싸움 못 하는 애들한테는 큰소리만 쳤다

싸움 잘하는 애들이 난리 칠 때는 아무리 떠들어도
아무리 난리 쳐도 그냥 가만히 있었다

피해 보는 애들한테만
소리를 버럭버럭 질러댔다

우등상장에 학업 성적 뛰어날 뿐 아니라
품행도 단정하다고 적혀있던 그 시절
선행상장이 아니고 우등상장인데도
품행이 단정하다는 문구가 꼭 들어가 있던 그 시절

〈

녀석은 공부 잘한다는 이유로
속물인데도 성현 대접받았고
고양이인데도 호랑이 대접받았다

지금쯤 녀석은 어디서 무얼
어떻게 하며 살고 있을지 알 순 없지만

나는 안다
인간은 쉽게 변하는 동물이 아님을

뉴스에서 고위층이지만 야비하고
비굴하게 살아가는 인사들 면상을 볼 때마다
녀석의 면상이 겹쳐진다

무늬만 반장이었던 녀석
반에서 무슨 일이 벌어지고 있는지는 생각도 않고
선생님 전달사항만 일심히 선했던 녀석
반장이 아니라 선생님 심부름꾼에 불과했던 그 녀석

녀석은 말할 것이다
"어쨌든 나는 공부는 잘했다. 그래서 지금 이 위치에 있다."
　나는 이렇게 말하겠다

"네가 지금 어느 위치에 있느냐에 상관없이 너는 영원한 비겁자야!"*

* 맨 마지막 연은 실화를 바탕으로 한 영화 "스쿨 타이(SCHOOL TIES)"의 맨 마지막 대사를 인용해서 약간 변형하다.

기러기 아빠

서로가 서로를 챙겨주기 위해 결혼한 건지
자식 농사에 공동투자하기 위해 결혼한 건지

부모 마음

AI가 발달하면
마누라도 필요 없어진다는데
딸자식 곱게 키워
잘난 사위 놈 봐서
한몫 챙기려던 계획
물거품 됐네

2부.
사랑하는 만큼 사는 것, 그것이 인생이다

애(愛) - 잊을 수는 있어도 지울 수는 없는 것

고교 시절
내 시 몇 편 읽고 팬이 됐던 녀석
오랜만에 만났는데 너무 어두웠다

그 친구 말이
자기 어머니
아버지 한 분만 보고
평생 살아오신 분인 줄 알았는데
치매가 오니까
낯선 남자 이름만 부르더란다

이모 말씀이 사랑하는 남자 있었는데
외조부모님 반대로 헤어지고
아버지와 결혼한 거란다

반대한 이유는
외조부모님은 어머니가 신데렐라 되기를 바랐는데
정작 어머니는 평강공주 되려고 해서 그랬단다

비슷비슷한 사람끼리가 아니라

차이가 나는 사람끼리 만나서 생기는 문제들이
평강공주에게만 있고
신데렐라에게는 없냐

남의 자식 눈에서 눈물 나게 해서
내 자식 눈에서 피눈물 나는 격

하느님께서도 남의 자식 위해 당신 자식 희생시키셨는데
피조물 주제에 뭐가 그리 잘났다고
그토록 반대한 건지

어머니도 그 사람 잊으려고
나름대로 노력은 하셨나 본데
잊는다는 것도 너무나 어려운 일이셨나 보더란다
본인이 잊는다고 해서
없었던 일이 되는 건 아닐 테니까
본인이 잊는다고 해도
우주의 기록에는 영원히 남을 테니까

아버지도
평생 껍데기와 살아왔다는 사실을 아시고
지금 제정신이 아니시라고 한다

그 친구
손가락으로 자신을 가리키더니
그럼 자기는 뭐냐고
자기 형, 누나는 뭐냐고
자기 동생들은 뭐냐고
사랑의 결실이 아니라
강간의 부산물인 거냐고
마음에 없는 남자와 했으니
어머니 처지에선 강간당하신 게 아니고 뭐냐고

술도 못 하는 내가
그 친구 따라가서
몇 시간이나 같이 앉아있어야 했다

어이 친구
우리 집안에도 비슷한 분이 계시네
친정집 반대가 무지무지 심했지만
그럼에도 불구하고
우리 집안으로 시집오셨지
만약 실패하셨다면
그분도 너의 어머니처럼 되셨으려나?

신발

비가 내렸다
가랑비도 아니고 폭우가 쏟아졌다

한쪽이 샌다는 걸 오늘 알았다

한쪽이 샌다고
멀쩡한 다른 쪽까지 쓰레기통에 던져졌다

너 때문에 나까지 던져졌다
내 인생 책임져

약자 하나 때문에 전체가 괴롭다고
은근히 따돌리는 사회

젊었을 적
한센병 걸린 남편 소록도로 떠나니까
재가하라는 권고 모두 뿌리치고
그 남편 따라가
이날 이때까지 함께 살고 있다는
어느 할머니가 갑자기 생각난다

결혼기념일*

참 많은 세월이 흘렀습니다

어찌 보면 길고 어찌 보면 짧은
함께한 세월이란 이런 건가 봅니다

하늘의 기준이신 사랑, 진실, 신뢰
인간의 기준인 계층, 돈, 학벌

전자와 후자 중에서
전자에 맞춰서 행한 결혼

전자를 위해서 후자가 있는 것이지
후자를 위해서 전자가 있는 것이 아님을 알기에

서로가 서로를 위해
맞춰주고 챙겨주며 살아온 세월

하늘의 기준에 맞췄기에
후회는 없습니다

이제까지 그렇게 살아왔듯이
앞으로도 그렇게 살아가게 하소서

혼인서약에서의 그 마음을 죽는 날까지 지켜가게 하소서

훗날
누구도 피할 수 없는 죽음 앞에서
저희 두 사람 중 누가 먼저 가게 되면
떠나는 사람이 남는 사람 손을 잡고
당신으로 인해
내 인생이 아름다울 수 있었노라고
행복할 수 있었노라고
의미가 있을 수 있었노라고
고백할 수 있게 하시고

이 인연을 저세상에서도
영원하어가게 하소서

---

* 명문여대를 나온 간호사이시면서도 친정집의 그 엄청난 반대를 무릅쓰고 저희 아저씨에게로 시집와주신 당숙모님께 이 작품을 바칩니다.

어느 노부부

운동기구들이 늘어선 산책로
오늘도 어김없이 그분들이 오신다

휠체어에 앉으신 할머니
휠체어를 미시는 할아버지

할아버지의 부축으로 일어서신 할머니는
평행봉 붙잡으시고 걸음마 시작하는 아기처럼
발을 떼신다

이쪽으로 한번
저쪽으로 한번

수차례 왔다 갔다 하신 후
다시 할아버지 부축을 받으시며
휠체어에 앉으신다

얼핏 보기에도 할아버지가 연상 같으신데
할머니가 훨씬 동안이신데

첫날밤의 곱디곱던 새색시가
세월 좀 흘렀기로서니 이렇게 망가질 줄이야
예상 전혀 못 했던 건 아니지만
세월이 야속한 건지
운명이 야속한 건지[*]

자신의 대소변까지 치워주는
간호사가 될 줄 알았는데
자신이 밀어주는
휠체어에 앉아있다니

휠체어 밀고
저만치 사라져가는 할아버지의 뒤로
노을은 무겁기만 하다

* 7연은 이동주의 시 "혼야(婚夜)"의 전체 내용을 요약해서 인용하다.

불꽃
- 남편을 잃은 성당 교우에게

불 끄는 게 직업이지만
우리들 사랑의 불만큼은
영원히 타오르게 하자던 당신

그 뜨거운 불길로 저를 태워서
꽃 같은 아이들까지 둘이나 피워낸 당신

허나 당신 자신도 불 속으로 사라지셨습니다
화재 현장 아닌 당신 직장에서 발화한 불
올바른 건의 하나 했다고
불에 타듯 사라져야만 했던 당신

화재 현장의 불은 잘 잡으시면서
당신 직장의 불 앞에선
목숨까지 끊으셔야 했나요

먼 곳에서 기다리고 계실 당신을
당장 찾아가고 싶지만
꽃 같은 아이들 생각에
당신은 우리 만날 날이

늦게 오기를 바라시겠지요

진화가 늦을수록
불은 더욱더 번져가듯
그날이 늦게 오면 올수록
당신 향한 사랑
이 세상 삼키고도 남을
큰 불길로 타오르렵니다

집
- 상처한 선배 문인에게

그녀의 자궁처럼 아늑하고
그녀의 유방처럼 따뜻하다

신혼 때는 퇴근하면 뛰쳐 나와
갖은 애교를 부리더니
중년 때는 퇴근하면 피곤한 얼굴로 나와서
이제 오시냐며 애써 미소 짓더니
정년퇴임 후
퇴근할 일도 없어 쓸데없이 돌아다니다 들어오면
아무 말 없이 내 옆에 눕더니

그녀는 이제 없다
아니다 없는 게 아니다
뼈가 철근으로
피부가 콘크리트로 변한 것뿐이다

나는 지금 그녀의 자궁 안에 들어와 있는 것이다

천생연분

딱 맞는다

이 사람을 놓치는 순간
똑같은 사람을 만나는 것은 불가능하다
인간은 고유한 존재니까

이 사람을 놓치는 순간 후회만 남는다
아쉬움은 평생 간다
세월도 이럴 때는
약이 아니라 독이 된다

사랑의 속성에 관하여*

남녀 간의 사랑은 언젠가는 반드시 식는다고
큰소리치는 사람이 있길래
배우자와 오래 해로하신 어느 아저씨께 여쭤보니
열정이 식어도 친밀감과 헌신이 있으면
사랑은 여전히 지속된다고 하시더라
열정만이 사랑의 전부가 아니라고 하시더라

* 이 시는 미국의 심리학자 로버트 스턴버그의 명언 "상대를 열정적으로 사랑해야만 사랑인 것이 아니라 친밀감, 헌신을 느껴도 사랑이라 할 수 있다."를 시로 구성해본 것이다.

동명이인

세상에는
이름이 같은 사람이 너무 많다

잊을만하면
이름이 같은 사람이 나타난다

많아도 너무 많다
유별난 이름인 줄 알았는데 아니었다

내 이름 보고서도
오래전 헤어진 사람 생각나서

남몰래 눈물짓는 사람이
있을 것만 같다

폭포

면사포 쓴
소녀의 뒷모습

이 모습 그대로
당신을 기다리겠습니다

그 사람 정말로 오는 지
확실치도 않은데

그리움만
저리 흘러 떨어진다

강가에서

울고만 있으면 어떡하냐고
다리를 놓든지
배를 만들든지
빨리 쫓아가야 하는 것 아니냐고

세월 그렇게 흘렀건만
고려가요나
현대 유행가나
울고만 있더라

만약 내게도

만약 내게도 시집오겠다는 여자가 있다면
성당에서 혼배미사로 치른
순백의 결혼식이 끝나고
떠나는 신혼여행에서
일상의 전쟁을 잠시 휴전하고
잠시나마 가져보는 안식 속에서
아내의 향기는 고우면서도 독한 것이
백합을 연상시키리라

세월이 지나 아이가 태어난다면
우리 가족은 셋이 될지 넷이 될지 알 수 없지만
나한테 기대는 사람이 늘어난다는 사실에
백합을 지탱하는 흙인 나는
백합에서 흘러 떨어지는 이슬방울들을
군말 없이 받아먹어야 하겠지
아무 군말 없이

신방

꽃 위로 나비가 내려앉는다

그대로 신방이 된다

기다란 입을 집어넣는다

꿀물이 흘러나온다

며칠 후 그 자리에서

사랑의 결실이 익어가고 있는 것을 보았다

동자삼 인연

크리스천이라고 절 구경하지 말란 법은 없어
찾아간 암자에서 차를 대접해주시던
내 나이 또래의 스님
며칠 전 암자 뒤쪽 산길에서 동자삼 발견하셔서
자선단체에 기부하셨단다
동자삼인데도 사내아이가 아니라
오로라 공주 닮아서 절로 미소가 나오셨더란다

오승은 원작에선 삼장법사 모셨던 손오공이지만
우리 어렸을 때 본 TV 애니메이션에선
오로라 공주 모셨던 손오공
목적지에 도착한 후 첫사랑 오로라 공주와 헤어지기는
삼장법사와 헤어지기보다 더욱 어려웠을
인연을 끊기가 얼마나 아픈지를 몸소 절감했을 그 모습

나도 스님도 비슷한 연배라서
그 장면이 추억으로 남아있다는데
출가 전 애인이 있으셨냐는 나의 질문에
스님은 고개를 끄덕이셨다

지금은 다른 곳으로 시집갔다는 소식을 들었다고
잘살고 있을 거라 생각한다고
조용히 미소지으시는 스님

옷자락만 스쳐도 인연이니
우리네 인생은 결국 인연의 연속

무슨 인연이든 끊지 말고
그냥 추억 속에 간직하라는 스님

끊는다고 끊기는 것 아니더라고
어차피 못 끊는 거 그냥 냅두라는
기억 속에 영겁 속에
그냥 그대로 냅두라는 스님

설마 그 여자분 돌아가셔서
동자삼으로 환생해서
스님을 다시 찾아온 건 아니겠지요?

그 말은 차마 하지 못하고
인사만 드린 후 암자를 나왔다

옛날옛적에

옛날옛적에

허구헌날 방구석에만 틀어박혀 서책만 읽어대던 선비 하나가 어느 날 짓궂은 친구들에게 끌려가 생전 처음 기방이라는 곳을 가게 되었는데 처음엔 안절부절못하다가 얼핏 들은 얘기가 생각나서,

"이곳에 이름난 시기(詩妓)가 하나 있다던데 사실인가?" 하니,

곧이어 머리 올린 지 얼마 되지도 않은 것처럼 보이는 기녀 하나가 들어와서 절을 올리더란다. 해서 그 숙맥은 어린 기녀와 밤새도록 운우지정은커녕 시문만 주거니 받거니 하다가 날이 밝자 도망치듯 귀가했다는데, 숙맥 가고 난 후 기녀 한탄하길,

"본시 노류장화의 사랑이란 재화가 떨어지면 다하는 경우가 다반사라 하여 기녀의 신분으로 남정네를 연모한다 함은 그 재화를 탐하는 것이나 다를 바 없을진대, 어제는 분명 나비가 꽃을 찾아왔거늘 그 기다란 입을 꽃술들 사이로 깊숙이 들이밀어 꿀맛을 보지도 아니하

고 그냥 날아가 버렸음에도 꽃은 나비를 평생 못 잊을 것 같으니 어찌 된 일인가? 재화가 아니라 시문을 탐하니 적어도 지금 이 순간만큼은 나 역시 기녀가 아니란 말인가?"

  오늘날!
  돈만 보고 결혼하는 여자들은 여전히 많고
  딸에게 그런 결혼을 부추기는 부모도 여전히 많으니
  그 여자들은 자신을 기녀 신분으로
  그 부모들은 딸자식을 기녀 신분으로
  격하시킴을 알고나 있는 것인가?

* 시기(詩妓) : 시를 잘 짓는 기녀

어느 남자의 고백

첫 몽정 상대가 하필 친누나였다고
정신적으로 문제가 있는 줄 알고 고민하다가
정상이니 걱정할 것 없다는
신경정신과 의학박사님 말씀에 안심했다고

누가 매형 되나 봤더니 하필 친구 녀석이더라고
이젠 친구 보고 형님이라고 부르게 됐다고

친구는 누나 있는 네가 부럽다고 만날 투덜대더니
결국 누나 뺏어가는 도둑놈 됐다고

친구는 첫아이가 딸이었으면 했다는데 아들이라고
아들도 누나 없다고 투덜댈까 봐
친구는 벌써부터 걱정이라고

그런 친구 얼굴을 보고 있자니
미래에는 어떤 녀석이 친구 아들인 조카에게
자기처럼 누나를 뺏길지 벌써부터 궁금해지더라고

운명

꽃 위에 파리가 앉았다
나비가 아니었다

파리인데도
나비가 아닌데도 꽃은 내쫓질 않는다

모든 것을 체념한 듯
가만히 몸을 맡긴다

파리가 꽃의 향기를 묻힌 채 떠난 뒤에도
꽃은 아무 말이 없다

나비가 하면 사랑이고
파리가 하면 모욕이라고 말하지 않는다

꽃에게는 모두 사랑일 뿐이다
그저 곧 태어날 2세를 위해 조용히 시들어갈 뿐이다

선생님의 긴 머리

시 쓰고 소설 쓰다가
자격증 하나는 있어야 할 것 같아서
입소한 직업훈련원

생명이 아닌 기계와 마주 앉아 보내야 했던 시간들
문학을 이해하려면 IQ가 100은 넘어야 하는데
20밖에 안 되는 컴퓨터와
마주 앉아 보내야 했던 시간들

그 시간에 선생님의 긴 머리는
햄릿의 연인 오필리아
파우스트의 연인 그렌트렌처럼
그 시대 여인들 같아서
문학작품 속에 들어와 있는 기분이었습니다

어느 날 훈련원 잔디밭의 검은 나비
검은색도 아름답다는 건 오래전부터 알고 있었지만
다시 한번 깨닫게 해준 그 나비

꿈을 꾸었습니다

기계만 있는 도시 사이를 날아다니는
한 마리의 검은 나비
하늘 위로 기계 사이로 날아다니던 그 나비

컴퓨터들만 놓여있는 책상들 사이로 돌아다니실 때
선생님의 까맣고 긴 머리는
그대로 나비의 날갯짓이었습니다

컴퓨터들만 놓여있던 교실은 어느새
아아! 꽃밭이 되어있었습니다

사랑에 관한 어느 단상

고려 정지상은 강 위의 오리를 보고
누가 강물 위에 새 을(乙)자를 썼냐고 했다는데

새 을(乙)자는 숫자 2를 닮았다
지금 내 앞에는 원앙이 있다

둘이 붙어 다닌다
원앙도 오리과다

어쩌면 그날의 오리도
원앙이었을지 모른다

3부.
바둑판과 검도장, 그리고 여행길

바둑 독학기

사촌 매형께서
다 늙어서 웬 바둑이냐고 물으시길래
머리 좀 틔어볼까 해서
배우는 거라고 답해드렸지만

사실은 두려워서 시작한 바둑이다
누구에게나 올 수 있다는 치매
암이나 백혈병도 뺏어가지 못하는
추억을 뺏어가는 치매

따먹기
착수금지
착수제한

순전히 이 세 가지만으로 시작한 나의 바둑
가르쳐줄 사람도 없어 책만 보며 익히는 바둑

바둑은 집짓기
똑같이 맨주먹만으로 시작하고도
누구는 거대 그룹을 일으켜 세웠는데

나는 삼간초가만 짓고 있다

하지만 삼간초가이어도
외할머니의 정겨운 웃음소리가 들려온다
어머니께서 대문을 여시고 마중 나오실 것만 같다
치매에 걸리시기 전의 모습들이 아른거린다

바둑판 앞에 앉으면

상대는 나보다 크다
상대가 백을 쥐든 흑을 쥐든

내가 흑을 쥐든 백을 쥐든
상대는 항상 나보다 크다

이건 바둑이다
장기가 아니다

헌데도 나는 항우를 치러 나가는 유방이 된다
오늘도 나는 골리앗을 치러 나가는 다윗이 된다

행마

가로 19줄 세로 19줄

어렸을 적 큰아버지 댁 찾아간다고 혼자서 나섰던 길
내 또래 애들한테 물어보고
나이 지긋하신 아저씨께 여쭤보고 찾아갔던 길

허나 여기선 날 도와줄 사람이 없다
사방이 적이다
길을 물어볼 사람이 없다
길을 방해하는 놈들뿐이다

아니다
아예 길이 없다
내가 가야 할 길은 내가 만들어서 가야 한다

바둑돌이 아니라 발자국이다

가로 19줄 세로 19줄

의수(義手)
- 어느 날 검도장에서 · 1

손가락 관절에 이상이 있다
주먹이 완전히 쥐어지질 않는다
일상생활에는 불편이 없다
싸움이 일상인 건 아니니까

그러나
내 손을 보는 사람마다 하는 질문
- 싸울 땐 어떻게 해요?

오래전 봤던 어느 소녀
절단된 한쪽 다리에 목발을 짚고서도
뭐가 그리 재밌는지
옆의 친구와 재잘거리며 길을 가던 그 소녀

그녀는 목발
나는 의수(義手)
싸울 때만 쓰는 의수

죽도는 칼이 아니다
의수이고 주먹이다

〈

의수 사용법을 좀 더 효율적으로 하기 위해
능숙하게 익히기 위해 오늘도 검도장에 온다

견(見)하지 말고 관(觀)하라*
- 어느 날 검도장에서 · 2

내 앞에 서 있는 대련 상대는
사람이 아니다

넘어야 할 산이며
건너야 할 바다며

무엇보다도
알아야 할 우주다

상대의 뒤로
그가 이제까지 거쳐온

수많은 고수들이
보인다

---

* 일본 최강의 사무라이였었던 미야모토 무사시의 저서 『오륜서』에서 인용하다.

신의 한 수
- 영화 "신의 한 수"를 보다가

지진 발생 시에는 엘리베이터도 아니고
에스컬레이터도 아니고 그냥 계단을 이용하라는데
우리네 인생은 하루하루가 지진이다

우리 인생에도 신의 한 수가 있다면,
하루하루 묵묵히 최선을 다해 사는 것,
그것이겠지!

우리는 오늘도 한 계단씩
또 한 계단씩 열심히 오르고 있다

* 2연은 영화 "신의 한 수"에서 인용하다.

로마 공항에서
- 서유럽 일주 · 1

로마 도착
공항 서점에 진열된 책

크리스천인 내게는 반갑지 않은 표지가
나를 환영한다

댄 브라운의 『다빈치 코드』

그 옛날
그리스도교를 못 잡아먹어 그렇게도 안달하던 로마제국
지금은 제국의 중심부에 자리 잡은 바티칸

그리고 제국의 공항 서점에
당당히 진열된 반그리스도교 서적

그대로
도시 자체가 하나의 거대한 아이러니
조용해 보여도 총칼보다도 무서운

사상의 전쟁터

줄리엣 생가에서
- 서유럽 일주 · 2

실존하지도 않았던 인물의 생가까지 만들어놓고
입장료를 받아먹는 상술에 혀가 내둘러진다

호기심에 돈까지 내가며 들어가 봤더니
자신을 찾아온 로미오를 내려다 봤다는 발코니
그 앞에 서 있는 줄리엣

한쪽 유방을 내놓고 있었는데
여길 만지면 사랑이 이루어진다고 하더라

하도 만져대서 유두는 사라진 지 오래고
구멍까지 나 있다

애인은 없지만 그래도 만져본다
밧세바의 유방을 만지는 다윗이 된 기분이다

두 연인이 죽은 후에야 양가가 화해했다는데
꼭 누가 죽어야만 화해가 가능한가

다른 문화재에선 일절 찾아볼 수 없는 낙서들이

여기선 홍수를 이루고 있다
실존 인물 아니니 낙서도 허용되는 것인가

결혼할 때 상대편 집안 반대 때문에 홍역을 치렀다는
일가친척 생각나서 얼른 나와버렸다

낙서들의 배웅을 받으며
얼른 나와버렸다

스위스 등반 열차에서
- 서유럽 일주 · 3

등반을 한다
걸어서가 아니라 열차를 타고 등반을 한다
세계 유일의 등반 열차를 타고
유럽의 정상 알프스 융프라우요흐를 오른다

덜그럭덜그럭 미끄러지지 않도록
철로 가운데로 설치된 톱니들
열차 밑의 톱니바퀴와
철로 위의 톱니가 서로 맞물리며
올라가는 하늘길

어렸을 적 본 TV 애니메이션에서
은하철도 999를 타고 하늘로 올라가는 철이가 된 기분

백색으로 바뀌는 풍경
눈 속에서도 피는 꽃들

저만치 돌담 벽 움푹 파인 곳에 모셔진 성모상
등반의 위험으로부터 가호를 바라는 염원
비행기 탑승 시와 마찬가지로 느껴지는 기압 변화

창밖이 뿌예진다
구름 속을 통과하는 중이다

메텔*보다도 아름다우신
모든 여인 중에 가장 아름다우신 성모님과 함께 하는
애니메이션이 아닌 현실의 열차 여행

* 애니메이션 "은하철도 999"의 여주인공.

베르사유에서
- 서유럽 일주 · 4

세계에서 가장 아름답다는 궁전의 상단의 금박 장식
저 장식을 빛나게 하려면 매일 닦아야 할 것 같다

매일 높은 곳에 올라가
금박 장식을 닦아야 하는 위험을
조금이라도 배려해주었다면
단두대만큼은 면할 수 있었을까

궁전 안 거울의 방에서 매일 열렸다는 호화찬란 무도회
빵이 없으면 과자를 먹으면 된다는 말을
정말로 그녀가 했는지는 알 수 없지만
단두대의 이슬로 사려져야만 했던 사치의 끝

왕의 침실과 왕비의 침실

왜 각방을 썼을까

마리 앙투아네트가 진실로 사랑했던 남자는 따로 있었다는데
그녀도 정략결혼의 희생양이었다는데

사랑하지도 않는 사람과 호화궁전에서 사는 것과
사랑하는 사람과 삼간초가에서 사는 것과
어느 쪽이 진정한 행복인지

부인의 큰 가슴을 그대로 본뜬 술잔으로
술을 마셨다는 루이 16세는
사랑을 마신 것인지 공허를 마신 것인지

명품은 못 되는 여자가 명품을 휘감고 다니며
대리만족하듯 마음의 공허를 채우기 위해
호화찬란 무도회라도 매일 열어야 했던 그들의 궁전

대영박물관 한국관에서
- 서유럽 일주 · 5

전시된 장식용 기와에 새겨진 귀면
나는 안다
도깨비가 아니라 치우천왕이심을

환단고기가 진서냐 위서냐 말이 많지만
진서도 잘못된 내용은 고쳐야 하며
위서도 진실된 내용은 인정해야 한다

진서냐 위서냐가 아닌 진실이냐 왜곡이냐가 핵심이다
역사의 생명은 진서가 아니라 진실이다

남들은 역사를 부풀려서 탈인데
우리는 역사를 축소해서 탈이다

중국에도 백제 영토가 있었다는 사실이
우리 때는 헛소리였다가
최근에야 교과서에 실렸다는 뉴스

백제도 이 모양이니
고구려나

배달국, 환국은 오죽할까

축소는 확대보다 더 큰 죄다
본래 있던 것까지 삭제하기 때문이다

중국을 섬기는 것도 모자라
일본에 국권까지 강탈당해야 했던 악몽
해방 후에도 청산되지 못한 식민사학
그 속에서 자신도 모르는 사이에 생겨버린
마조히스트 기질
확대보다는 축소에서
더 큰 쾌감을 느끼는 병약한 국민성

대영제국 못지않은 위세를 떨치고도
지금은 이렇게 남의 나라 박물관에 갇혀 계시는
영웅의 한숨 소리

대영박물관 이집트관에서
- 서유럽 일주 · 6

죽어서도 갖고 가려고 그 난리를 쳤지만
결국은 모조리 도굴당하고 말았구나
그것도 적군에게
그래서 남의 나라 박물관에 와있는구나

죽을 때 싸갖고 가지도 못하는데
왜들 저렇게 난리를 친 것인지
정말로 싸갖고 가는 게
가능할 줄 알았던 것인지

부장품도 부장품이지만
시신조차도 구경거리로 전락해버리는
평온한 안식은 이제 꿈도 꿀 수 없는

그런 꿈을 꿀 수 없다면
지금은 어떤 꿈을 꾸고 있을까
어쩌면 자는 게 아니라
자는 척하는 것인지도 모르지
이런 처지에 잠이 오겠어

통영꿀빵
- 전국 일주 중에 통영에서

통영에 살던
어느 부부가 개발했다는 통영꿀빵
잠시 판매를 접기도 했었지만
잊지 못하는 사람들이 너무 많아서
다시 시작했다는 통영꿀빵
잊히지 않는다는 것은 어떤 것인지
생각해보게 만드는 통영꿀빵
지금은 레몬 향 나는 것도 있고 커피 맛 나는 것도 있어서
어느 것이 오리지널인지 헷갈리는 통영꿀빵
오리지널을 모방해서라도 돈을 벌고 싶은
다급하고 애타는 마음을 알려주는 통영꿀빵
저작권이라는 것에 대해서
생각해보게 만드는 통영꿀빵
유사품이 넘쳐나는데도 너그럽게 넘어가는
개발자 부부의 따뜻한 인심이 느껴지는 통영꿀빵
꿀이 아니라 인심의 달콤함이
단팥이 아니라 인심이 가득 들어차 있는 통영꿀빵

은하철도는 워드프로세서처럼
- 김경린의 "국제열차는 타자기처럼"을 변주하여

오늘도 성난 워드프로세서처럼
질주하는 은하철도에 나의 유년은 실려 가고
희망에 들떴다가 이제는 절망만 날리며
종착역에 있는 거대한 기계 부품의
조그만 나사못들로 전락한 영혼들을 본다

옛날 나의 선배들이 뿌리고 간 사연들이
아직도 남은 별들과 별들 사이에
불안과 슬픔과 그리고
공포만이 거품 일어
파랑새를 잡으러 가는 나에게
어둠은 화살처럼 날아온다

그 옛날 너무도 머언 옛날에
나를 위해 희생하셨던 분의 손바닥에 박혔던 대못이
나의 가슴을 찌르면

메텔' 나의 연인이여
어제의 어둠을 블랙홀 속으로 던져버리고

새로운 아침을 가져오리

* 메텔 : TV 애니메이션 "은하철도 999"에 나오는 여주인공.

메텔에게*
- 박인환의 시 「센티멘털 쟈니」를 변주하여

우주여행
피가 흐르는 몸을 기계 몸으로 바꿔서
영원히 살기 위해 간다는 여행
기계 몸으로 바꾸고 나면
피가 흘렀던 옛날 몸은
얼음 속에 보관한다는 별에서
남몰래 눈물을 흘리던 숙녀

몸을 기계로 바꾼 사람들은
제 딴에는 만족하는 듯 살고 있지만
너는 기계는 흘리지도 못하는 뜨거운 눈물을
차디찬 얼음 위로 떨어뜨리던 숙녀

창세기의 에덴에 있던
자연의 향기를 이곳으로 날려 보내라
너는 이브가 되어 내 옆에서 살고
나는 너를 포옹한다

지식은 고정관념
독서는 기계제작학습

우물 안 개구리로 살다 죽는 소위 지성인들

오늘이 가고 또 하루가 온들
생명은 시들고
어제와 지금의 사람은 기계만 만든다

술을 마시면 방황하고 비가 내리면 서럽고
남에게 보여줄 스펙만 쌓는 세월이여

철로는 외롭다
혼자 길을 가는 여자와 같이
정다운 것은 이별하고
외로움 아래 은하수는 흐른다

지금 수목에서 떨어지는 엽서
긴 사연은 블랙홀 속으로 던져버리고
우리들은 새로운 여행을 떠난다
우주여행 별말씀
그저 둘이서 가는 여행일 뿐이다

오 메텔, 나의 영원한 연인이여

* 메텔 : 애니메이션 "은하철도 999"의 여주인공.

4부.
일상의 단상들

보도블록 길

평탄한 길인 줄 알았습니다

저희가 어렸을 때는
자식들에게 햇과일 사다 주신다고
먼 시장도 마다하지 않으시고 다녀오시던 어머니를
오늘은 휠체어에 모시고 병원 가는 길

평탄한 길인 줄 알았는데
어머니의 휠체어를 밀어보고서
얼마나 험난한 길인지를 알았습니다

깔 때는 평평하게 깔았을 텐데
세월 좀 지났다고 울퉁불퉁해지는 보도블록들
원래는 고우셨을 텐데
주름이 진 어머니 살결

어머니는 휠체어 위에서
당신께서 이제까지 걸어오셨던 길들을
떠올리시는 듯합니다
뒤에서 밀어주는 아들에게

길이 나빠서 네가 고생이 많다고 안쓰러워하십니다

휠체어 아래에서는 개미 한 마리가
자기 몸집보다 훨씬 큰 빵조각을 물고
튀어나온 보도블록을 넘어가려 애씁니다
어머니의 지난날을 보는 것 같습니다

'멀리서 볼 때는 평탄한 길이지만
가까이서 볼 때는 험난한 길이
인생길'임을 깨닫습니다*

---

* 찰리 채플린의 명언, "인생은 멀리서 보면 희극이고, 가까이서 보면 비극이다."를 인용해서 변형하다.

신문 배달 시절 · 1

누나 약 찾으러
빌딩 4층 병원으로 올라가는 길
계단 중간의 사무실
닫힌 출입문 앞에 놓인 신문 한 부

중학 시절
석간신문 배달하러 갔었던 어느 빌딩 사무실
그날은 문이 잠겨있었다
틈새라곤 찾아볼 수 없었다
물샐 틈 전혀 없는 철통같은 보안

신문 넣을 틈새가 없어
문 앞에 놓고 왔더니
다음날 어제 왜 신문 안 넣었느냐고
불만 가득 찬 표정이셨다

저 신문은 그대로 있는데
그때 그 신문은 왜 사라졌을까
저 신문은 아무도 안 가져가는데
그때 그 신문은 누가 가져갔을까

신문 가져간 놈의 비양심도 비양심이지만
틈새 안 만든 당신의 잘못은 전혀 보지 못하시는 사장님

완전히 단절된 공간
내가 비집고 들어갈 틈은 없었다
사장님께서 내게 화내실 때는 문이 열려있었지만
그때 내 눈에는 문 너머 저 세계가
아득히 멀게만 느껴졌다
바로 내 앞인데도 멀게만 느껴지는
그런 곳도 있음을 그날 알았다

신문 배달 시절 · 2

석간신문 배달하러 갔더니
창사 10주년 기념 파티라시며
귤을 주머니 속에 넣어주셨다

사무실을 나오면서
주머니 속으로 손을 넣어 만져보았다

따뜻했다
귤이 아니라 지구였다면
이 지구가 따뜻한 마음을 가진 사람들만 사는
그런 곳이었다면

얼굴은 예쁘장하지만
성격은 무척이나 까탈스러운
어느 아가씨가 있는 사무실에 배달하고 나오면서
하나를 까서 입안에 넣었다

신문 배달 시절 · 3

석간신문 한 부만 달라고 하길래
한 부 주고서 돈 달랐더니

"야! 공짜로 주면 안돼?
나도 옛날에 너처럼 신문 배달했어!"하고 돌아선다
옆에 있던 친구처럼 보이던 사람도
나를 보더니 빙긋이 웃는다

두 사람 모두 대학생 차림
귀티 나는 모습
고생이라곤 전혀 모르고 자란
그런데 신문 배달 경험 있다고
암만 봐도 없을 것 같던데 정말로 있다면
돈 안 주고 그냥 갈 때의 서운함을 모를 리가 없을 텐데

선거 때마다
서민을 위한 정치를 하겠다고 고성을 지르지만
고생이라곤 해본 경험도 없어 보이는
후보자들 벽보 위로 그때 그 사람들 표정이
자꾸만 오버랩되더라

새치

코털도 새치가 있더라

콧수염에도 턱수염에도
간간이 보이는 새치들

머릿속에도 새치가 있을 거야
내 눈에 안 보여서 그렇지
누군가에게 봐달라고 하면
틀림없이 있다고 할 거야

한데 눈썹엔 왜 새치가 없을까
콧속에도 나는 새치가
눈 위에는 왜 안 날까

삼국지의 마량은 아니지만
이 나이쯤 됐으면 눈썹도 약간은
희끗희끗해질 줄 알았는데

이만치나 나이를 먹고서도
지혜는 턱없이 부족한 것인가

마량만큼은 아니어도
지혜 있다는 소리는 듣고 싶었는데

거울을 마주하기가 점점 자신이 없어지는 중년을 지나
노년이 조금씩 다가오기 시작하는 어느 날의 저녁

시에 관하여

앞으로는
AI가 소설, 희곡, 시나리오까지 쓴다는데
큰일이구먼

선배님
그래도 시는 못쏩니다
AI가 생각해낼 수 있는 표현 중에
"나비와 같구나"는 있어도
"나빌레라"는 없을 테니까요

커피 한 잔

나른한 오후
정신없이 보낸 오전의 피로함이
점심 식사후의 식곤증과 맞물려
무겁게 내리누른다
아직도 할 일이 남았는데
무거워지기만 하는 눈꺼풀
정신 번쩍 날 만한 뉴스라도 있으면 좋으련만
할 수 없이 커피 한 잔으로 대신한다
그런 뉴스보다 효과는 덜하더라도
안 하는 것보다는 낫겠지 하는 생각으로 마셔버린다

선탠한 그녀 같아서
정신이 번쩍 난다

아스피린

한 일도 없는데
머리는 왜 이리 아프냐

시큼한 맛 뒤로 하고
자리에 누웠다

눈을 감으니
하얀 태양, 하얀 하늘, 하얀 비둘기…

구급차 한 대 달려온다
어느새 나는 병원 침대에 있다

간호사의 주사에 깜짝 놀라
눈을 떴다

시계는 어느새
오늘 하루도 이렇게 저물었음을 알려주고

성실하지 못한 자에겐
병도 많음을 가르쳐준다

황혼

저만치 서편 하늘
천사들이 오렌지 주스를 엎질렀나
아기 천사가 오줌을 쌌나

나도 언젠가는
손에 힘이 없어서 주스 잔을 떨어뜨릴 날이 올 텐데
아기 때처럼 기저귀를 하고 다녀야 할 날이 올 텐데

오늘따라
색이 진하다
오늘따라 유난히 서글퍼진다

바위

십 년 만이다
그대로 있다

그 자리에 그대로 있는 것
그 자리를 지키는 것
모두 변해도
홀로 변하지 않는 것

아무 일도 안 하는 것 같지만
얼마나 중요한 일을 하고 있는지
사람들은 모른다
너무 모른다

백 년 아니 천 년 만 년 흐른 후에도
여전히 그대로겠지

샐러리맨

버스 타고 졸았는데
깨고 보니 종점이다

하루의 무게는 직장에 두고 온 줄 알았는데
알고 보니 버스에 같이 타고 왔었구나

그래도 아침마다
출근할 직장이 있어 웃고 산다

입춘

길 가다가 본 입춘대길

어렸을 땐 나무 대문이었는데
오늘은 금속 대문

나무는 따뜻한데
금속은 차갑다

이상기후 탓인지
어렸을 때와는 달라진 오늘

너무 춥다
봄도 지각할 때가 있구나

트레이싱페이퍼를 태우다가

건축 계획이 취소되었다
설계도를 불 속에 던져버렸다

트레이싱페이퍼라서 그런지
재가 남질 않는다
그대로 기체가 돼서
날아가 버린다

달이 뜨고
별들이 뜬 저 하늘로

차마 못다 이룬 꿈들이
별들 사이로 날아가 박힌다

새로운 별들이 된다

5월 10일

그날 나는 죽었고
그날 나는 다시 태어났다

생전 처음 119구급차 침대에 실려
달려간 병원 응급실

이 병원도 자리 없다 저 병원도 자리 없다
간신히 자리 난 병원은 집에서 너무 멀었다

급성 심근경색
누구나 걸릴 수 있는 병이라고 하신다
약을 평생 먹어야 한다고 하신다
평생

얼굴 찌푸리는 나에게
그래도 운이 좋았다고 하신다
병원 도착 조금이라도 늦었으면
이 세상 사람이 아니었을 거라고 하신다

한번 죽어봐서 그런지

죽음은 더 이상 두렵지 않을 것 같은데

하느님께선 무슨 생각에서
저승문 앞에서 나를 돌려 보내셨을까

죽었다가 다시 태어났으니
이전과는 다른 삶을 살아야 할 텐데 너무 어렵다

예전이나 지금이나 힘들기는 마찬가지
예전처럼 오늘도 여전히 습관과의 전쟁

죽었다 살아났는데도
습관 고치기는 여전히 어렵다

하느님
도와주소서

우울하다*

우울하다
움직이기 싫다
그냥 하기 싫다
다 하기 싫다

다 하기 싫다
그냥 하기 싫다
움직이기 싫다
우울하다

출발했다
너무 먼 길이라서
일찍 출발했다

일부러 걸어갔다
너무 먼 길인데도
차를 타지 않았다

왜 그러냐고 묻길래
우울해지기 싫어서라고 답했다

〈

상대는 고개를 갸웃거렸지만 그래도 걸어갔다
차를 타지 않았다

움직이지 않으면 쓰러질 테니까
차를 탔다면 지금쯤은 쓰러졌겠지

* 이 시는 알베르트 아인슈타인의 명언, "인생은 자전거 타기와 같다. 쓰러지지 않으려면 움직여야 한다."를 변형하다.

봄비

목련 같은 유방에서

비 같은 젖이 떨어지면

새싹 같은 아기가 받아먹는다

오월

오월이 오면
모두 초록색이 된다

사람들도
알몸으로 다닌다

초록색
알몸으로 다닌다

폭염 · 1

네가 아무리 난리 쳐도
처서만 지나면 끝이라는 생각으로 버텼는데
처서 지나도 덥긴 마찬가지
공해로 인한 오존층 파괴로
이상기후 오는 건가

어느새 시월인데 아직도 덥다
남들도 덥나 나만 덥나
정기검진 때문에 찾아간 병원에선
다음엔 갑상선 검사도 해보자고 한다

뉴스도 만날 열 받게 하는 내용뿐
일류대 졸업한 것도 모자라서
유학까지 다녀왔다는 것들이
그 기막힌 머리로 정치도 제대로 못 하나
정치가 국민을 걱정해야 하는데
국민이 정치를 걱정해야 하나
더워 죽겠는데 정치까지 걱정해야 하나

만사가 귀찮아 죽겠는데

걱정거리들은 줄지 않고
되려 늘어나기만 하는
게다가 지금은 오후 2시
하루 중 제일 덥다는 시각

폭염 · 2

덥다
너무 덥다
시상이 안 떠오를 정도로 덥다

시상이 떠올라도
시 쓸 기력이 없을 정도로
덥다

시조 시인에게

오랜만에 들른 은사님의 출판사
"시조도 한번 읽어봐!"
시조집을 한 권 건네주시더군요

내 전공은 자유시지 시조가 아니지만
집에 와서 읽어보니
학창시절 국어 시간 선생님 명령에
난생처음 시조를 지어보던 일이 생각나네요

글자 수 맞추기가 힘들었는데
지금은 재밌네요
파격에서 오는 쾌감도
짜릿하네요

방귀

어렸을 적
글짓기 대회에 나가서 상 받았는데
그 후로는 한동안 상복이 없었다

그때 그 상은 귀신이 방귀 뀌어서 받은 거라는
아버지 말씀
좋은 표현 다 냅두고
왜 하필 방귀였나요

오늘 지하철 탔는데 어디선가 들리는 소리
그 사람 체면 생각해서 모두들 못 들은 척했지만
잠시 후엔 모두들 얼굴을 찌푸렸다
코를 막는 사람도 있었다

역에 도착하니 문이 열리자마자
후다닥 뛰어나가는 그 사람
어찌나 빠른지 자세히 못 봤지만 여자 같았다
남자였어도 창피했을 텐데

우리나라는 남자 귀신은 드물다

여자 귀신이 대부분이지
방귀 뀌고 창피한 건
사람이나 귀신이나 마찬가지겠지
하물며 여자 귀신이라면야

참겠지
혼신의 힘을 다해 참겠지
귀신이 방귀를 뀌어야 하는데
그래야 내가 상을 받는데
안 뀌고 참으니 나는 어떡하라고

내가 어찌 되건 말건
자기들 창피 안 당하는 게 더 중요하겠지

이기적인 것들아
니들이 방귀 좀 뀌어서
나 상 좀 받게 해주면 안 되냐

세월

오는 놈 안 막고
가는 놈 안 잡는다지만

세월은
아예

막는 것 자체가 불가능하고
잡는 것 자체도 불가능하다

오면 오는 대로
가면 가는 대로

오는 거 바라보고
가는 거 바라볼 뿐이다

그저
바라보기만 할 뿐이다

인생

삼국지는 강자가 약자를 이기는 결말이고
열국지도 강자가 약자를 이기는 결말인데
초한지는 약자가 강자를 이기는 결말이다

모두들 삼국지가 전략
열국지, 초한지가 전술인데
나는 초한지가 전략
삼국지, 열국지가 전술이다

나는 피라미가 아니라
고래를 잡으러 가는 길이다

작품해설
현실의 삶과 모순된 사회의 거리조정 시학

김순진(문학평론가 · 한국문인협회 이사)

작품해설

현실의 삶과 모순된 사회의 거리조정 시학

김 순 진

1. 들어가는 말

　김근태 시인은 ≪스토리문학≫이 2004년 6월에 창간되었는데 창간호에 시나리오로 등단했고, 2006년 6월호로 등단한 시인이다. 말하자면 ≪스토리문학≫의 원조 작가인 셈이다. 많은 시인들이 출신 문학지인 모지를 버리고 옮겨가거나, 개인사정에 의해 활동을 접는데 반하여 김근태 시인은 꾸준히 작품활동을 해왔다. 그리고 마침내 두 번째 시집을 모지의 출판사인 도서출판 문학공원에서 출판하게 된다. 한편으로는 감사한 마음이고, 또다른 한편으로는 시의 끈을 놓지 않고 열심히 글을 써 주신 김근태 시인에게 박수를 보내드린다.

　김근태 시인처럼 "나 좋으면 그만이지, 상을 안 받아

도 괜찮다."며 마이웨이를 가고 있는 사람을 나는 좋아한다. 일찍이 김태호 소설가는 우리 스토리문학의 행사에 오셔서 "누가 알아줘도 쓰고, 몰라줘도 쓰고, '이걸 글이라고 썼느냐?'고 비아냥대도 써라. 그걸 써야만 다른 것으로 나아갈 수 있다."고 하셨는데, 나는 지난 20여 년 동안 그 말씀을 가슴에 새기고 살아온 덕분으로 지금 100여 권 분량의 글을 쓰게 된 것 같다. 김근태 시인 역시 나처럼 마이웨이를 실천한 시인이다. 사실 시를 쓰는 일이 필자를 비롯하여 많은 시인들에게 도움이 되기는커녕 오히려 부담이 되기도 한다. 그런 상황에서 지원을 받아 시집을 출간한다는 것은 매우 감사하고 기쁜 일이다.

  김근태 시인에게는 시인으로서 마땅히 가져야 할 정신이 있었으니 그가 자서에서 말한 "1부는 풍자, 2부는 사랑, 3부는 취미, 4부 일상" 등 네 가지 방향이다. 나는 여기서 그의 풍자, 취미, 일상에 대하여 두 편씩 소개하면서 그의 문학세계를 살펴보기로 한다.

  2. 풍자적 시각과 마이웨이적 언어

    가을 전어 굽는 냄새에
    집 나간 며느리도 돌아온다는데
    그 망할 년은 돌아올 생각도 않는다고

오늘도 투덜거리신다

없는 형편에 무리해서 대학은 마치게 해줬더니
서울대도 아니고 연고대도 아니고
어쨌거나 수도권 4년제 대학이라
지방대보다는 나을 줄 알았더니

취업 안 되니까
운명에 도전장 던지는 셈 치고 사법고시 도전했는데
미역국만 먹다가 그나마도 폐지되고
로스쿨은 가정 형편상 꿈도 못 꾸고

이런 와중에 믿었던 며늘아이마저 도망가서
완전 폐인 됐다는 우리 아들
어떡하면 좋으냐는 아주머니

신세 한탄 한바탕 하시고서
전어구이 맛 좀 보라며 놓고 가시는데

맛은 분명히 있던데
마음은 왜 이리 씁쓸하냐

-「가을 전어」 전문

전어는 몸길이 15-31cm 정도의 아주 작은 바다 물고기로 동아시아 연안에 사는 어종이다. 수심이 얕고 물살이 빠른 삼각주 지역에 많이 사는데, 우리나라에서는 서해안과 남해안의 대도해 부근에서 많이 잡힌다. 가을

이면 기름기가 많아져서 고소하기 때문에 얼마나 맛이 있으면 "가을 전어는 집 나간 며느리도 돌아온다"는 속담이 생겼다. 우리 민족의 해학과 아이러니를 보여주는 기가 막힌 풍자의 속담이다. 집을 나간 며느리는 며느리로서의 소임을 팽개치고 떠난 며느리다. 그 며느리가 돌아오기를 바라는 시어머니의 소망은 실로 간절할 것 같다. 평생 시집살이와 농사일, 바닷일 등으로 허리가 굽고 손등이 거북등처럼 거칠어질 무렵의 시어머니는 이제 좀 편히 쉬면서 여생을 보낼까 했는데, 며느리가 집을 나간 것이다. 며느리가 집을 나가는 이유에는 여러 가지가 있을 것인데, 그 첫 번째 이유는 가난 때문이리라, 두 번째 이유는 남편이든 며느리든 외도에 의해 그랬을 것이고, 세 번째 이유는 시어머니의 시집살이로부터 해방되고 싶었을 게다. 네 번째 이유는 좀 편히 놀고 먹고 싶은데 농사일과 바닷일 등 삶의 환경이 녹록지 않았기 때문에 짐을 싸게 되었을 터이고, 다섯 번째 이유는 자신의 꿈을 시골 구석에 묻어둘 수 없어 떠났다고 본다. 아무튼 집 나간 며느리는 근대화 과정에서 자주 발생하는 단골 이슈였고, 김근태 시인은 이 시를 통해 그런 세태를 풍자하고 있다. 나는 김근태 시인이 결혼을 하였는지 싱글인지 묻지 않아 그에 대해 잘 모른다. 다만 그가 쓴 시의 면면을 살펴볼 때 외로움이 곳곳에 배어있어 싱글이 아닌가 생각한다. 그러니까 이 시에서 말하는 '집 나간 며느리'는 자신의 아내이기보다

가정을 버린 일반적인 여자를 말하는 어느 아주머니의 통속적인 표현을 빌어쓴 말이다. 집 나간 며느리를 대신해 손자 손녀를 키우고 홀로 된 아들의 먹을거리며 빨래까지 책임져야 하는 현실 앞에서 가을 전어는 그저 맛있다고 행복하게 먹을 수만은 없는 음식이다. 며느리는 집을 나가고, 열심히 뒷바라지해준 아들은 폐인이 된 상황은 남의 일이 아니다. 그러니 김근태 시인은 이웃집 아주머니가 "신세 한탄 한바탕 하시고서 / 전어구이 맛 좀 보라며 놓고 가"신 가을전어는 "맛은 분명히 있던데 / 마음은 왜 이리 씁쓸하냐"고 이 시대의 아픔을 고발하고 있는 것이다. 이 세상에 모든 집 나간 며느리가 가을 전어 때문에 돌아올 게 아니라, 자신의 잘못을 깨닫거나, 꿈을 이루어 되돌아오기를 희망해본다.

    연일 비가 쏟아지는 10월 중순
    다 늦어서 무슨 장마냐

    눈물인지도 모르지
    진작 기술 쪽으로 빠졌어야 하는 것을
    학벌 중시하는 분위기에 휩쓸려
    괜히 대학 갔다가 취업은 안 되고
    봉급 많이 준다는 말에 혹해서
    캄보디아 갔다가 감금당하고
    탈출하려다 붙잡히고 고문당하고
    죽으면 소각장 보내지고

세상이 이 모양인데 어떡하느냐
맞춰 살아야 할 거 아니냐
그 말 듣고 스펙에만 집착했다가 신세 망치고
원인 제공자인 세상은 결과를 책임질 생각도 않는다

음식점에 전화했더니 배달기사 없다고 한다
명색이 대학물 먹었다고 배달일은 싫다는 거냐
그래서 택한 게 고작 캄보디아냐
우리보다 못사는 나라에서
우리보다 많은 봉급 주길 바라냐

꼴에 지성인이라고 잘난체하지만
진정한 지성이란 무엇인지에 대해 생각해보게 만드는
10월 중순의 어느 비 오는 날 저녁

- 「요즘 뉴스」 전문

  이 시는 최근에 동남아시아 국가들에서 빈번히 일어나고 있는 세태를 풍자한 시다. 요즘 대한민국에 관광을 목적으로 입국하는 외국인 관광객 수가 폭발적으로 늘어났다고 한다. "K팝 데몬 헌터스"라는 애니메이션 영화가 세계적으로 유행함에 따라 그 영화에서 나오는 OST 주제곡들이 대부문 빌보드차트의 순위를 석권하며 그 중에 '골든'이란 노래는 10주 이상 1위를 차지하며 세계인을 한국으로 불러모으고 있다. 그 관광객들이 우리나라에 와서 놀라는 것이 정말 여러 가지인데, 그 첫 번째가 치안이다. 아무리 어두운 밤에 거리를 쏘다녀도 안

전하다는 것이 그들에게는 정말 신기한 것 같다. 그리고 두 번째가 도둑이 없다는 것인데, 식당이나 카페에서 휴대폰이나 컴퓨터를 테이블에 놓고 가도 절대 집어가지 않는 상황앞에서 그들은 다시금 놀란다. 그래서 이제 담을 넘어가거나 문을 따고 들어가는 고전적인 수법의 도둑들은 사라졌다. 그 많인 도둑은 어디로 사라진 걸까? 보이스피싱으로 숨어든 것이다. 서기 2000년 이전만 하더라도 보이스피싱 같은 말은 없던 단어였다. 그런데 요즘은 정말 정신차리고 살아야지 보이스피싱의 위협으로부터 그나마 자신을 방어하고 자산을 안전하게 지킬 수 있다. 요즘 범죄는 점점 지능화되어 우리 서민들이 피땀으로 일군 통장을 호시탐탐 넘본다. 우리나라가 치안이 삼엄하고 범죄자들이 살아남을 수 없는 환경에서 중국, 필리핀, 베트남, 라오스, 캄보디아, 태국 같은 동남아로 그 거점을 옮기고 대상을 일본과 우리나라 같은 잘 사는 나라의 사람들로 표적을 삼고 있는 것이다. 우리나라 대통령까지 나서서 캄보디아의 보이스피싱 조직의 소탕을 지시하는 것을 보면 그들의 범죄는 정말 심각한 상태다. 중국의 자본과 가난한 사람을 타깃으로 하는 동남아 행동대원들의 범죄는 이 세상에서 없어져야 할 문제로, 이번 2025 아시아태평양경제협력체 APEC 정상회의에서도 중국의 시진핑 주석과 이재명 대통령이 보이스피싱 소탕에 대한 협약을 맺었다고 하니 그 심각성은 가히 짐작하고도 남음이 있다. 그들의 목적에 부응하지 못하는 피해자들이 몽둥이에 맞아 죽거나 불구자가 되는 과정은 차마 화가 나서 몸서리가 쳐진다. 국내의 한 대학 출신 가담자가 50명이 넘는다는 현실은 젊은이들이 열심히 일해서 돈을 벌어야 하는데, 취업이 잘 안되는 현실 앞에서 일확천금을 꿈꾸는 것은 이 시대 정부의 잘못이기도 하고, 우리 부모들이 잘못 가르친 풍토이기도 해 김근태 시인의 사회 고발시 편으로 반성과 대책을 요구해본다.

3. 개인의 취미와 성찰적 언어

> 상대는 나보다 크다
> 상대가 백을 쥐든 흑을 쥐든
>
> 내가 흑을 쥐든 백을 쥐든
> 상대는 항상 나보다 크다
>
> 이건 바둑이다
> 장기가 아니다
>
> 헌데도 나는 항우를 치러 나가는 유방이 된다
> 오늘도 나는 골리앗을 치러 나가는 다윗이 된다
>
> ─「바둑판 앞에 앉으면」 전문

최근에 끝난 2025 아시아태평양경제협력체 APEC 정상회의에서 정부는 각국의 정상들에게 무엇을 선물할 것인가에 대한 고민이 깊었던 것 같다. 돈이나 명예를 좋아하는 미국의 도널드 트럼프 대통령에게는 무궁화대훈장을 수여하면서 신라 금관 모형을 선물로 주어, 트럼프가 매우 흡족해하면서 당장 써보고 싶다고 말하고, 그 선물을 직접 비행기로 싣고 갔다고 하니, 아마도 우리의 선물공세를 통해 관세협상이 타결된 것은 매우 좋은 선물이던 것 같다. 그리고 중국의 시진핑 주석에게는 비자나무로 만든 바둑판을 선물해 선물을 받는 당사자가 매우 흡족해했다고 한다. 바둑판을 만들 때 비자나무는 최고급 재료라고 한다. 보석으로 치면 다이아몬드 같은 나무라고나 할까? 바둑판을 만들 때 은행나무, 피나무 등 좋은 재료들이 많이 있지만 그 중 비자나무가 으뜸이라고 한다. 비자나무는 깊은 색감과 맑은 음향, 뛰어난 내구성이 특징이라고 하는데, 비자나무는 주목나무과의 침엽수로 과거이는 남부 해인지역과 제주도에 널리 자라는 나무였으나, 지금은 벌채와 수탈로 사라져 제주도 비자나무숲은 천연기념물로 보호를 받는다고 한다. 청년시절 동생과 자주 바둑을 두었다. 동생은 아마 4급 정도의 실력이고 나는 8급 정도의 실력인데, 밤새 돈내기를 하며 바둑을 둘 때면 늘 실력이 모자라던 나는 수로 모자라는 실력을 만회하기 위해 "왜 바둑알을 달그락거리느냐, 와 안 보이게 머리를 숙이느냐" 같은 억지를 쓰기도 했다. 요즘은 컴퓨터와 휴대폰에서 모르는 상대방과 바둑을 둘 수 있어서 참 좋다. 바둑은 사람을 침착하게 만들고 인내하는 성격과 상대방을 존중하고 질 때는 깨끗이 승복하는 습관을 기르게 한다. 김근태 시인이 말한 바둑판 앞에 앉으면 "상대는 나보다 크다 / 상대가 백을 쥐든 흑을 쥐든" 그리고 " 내가 흑을 쥐든 백을 쥐든 / 상대는 항상 나보다 크다"는 걸 깨닫게 된다. 바둑판은 풍랑 앞에서 견디고 일어서는 법을 가르친다. 다 죽은 바둑을 기사회생으로 살려내는 지혜를 가르친다. 그래서 바둑은 "장기가 아"님에도 불구하고 "항우를 치러 나가는 유방이"되게 하거나 "골리앗을 치러 나가는 다윗이" 되게 하는 것이다. 시 역시 그런 것이 아닐까 하는 생각이 든다. 아무것도 올려놓지 않은 바둑판, 아무것도 쓰여지지 않은 흰 종이, 그 위에 어떻게 바둑알을 놓아가느냐에 따라 승리가 따라오고, 시작을 어떻게 해서 어떻게 비유하며 무엇을 결론으로 놓느냐에 따라 그 시의 성패가 가름되며, 무엇보다도 얼마나 오랜 세월에 걸쳐 바둑을 두었느냐에 따라 조금씩 급수나 단수가 올라가는 것처럼, 얼마나 오랫동안 시를 써왔느냐에 따라 시의 급수가 올라가니 말이다. 김근태 시인의 바둑이 몇 급인지 몇 단인지는 알 수 없지만, 이런 의미 깊고 인생의 진리를 깨닫는 시를 쓰시는 시인의 시 실력을 평가하자면 초단 전단계인 2급 이상의 대단한 실력으로 평가한다.

통영에 살던
어느 부부가 개발했다는 통영꿀빵
잠시 판매를 접기도 했었지만
잊지 못하는 사람들이 너무 많아서
다시 시작했다는 통영꿀빵
잊히지 않는다는 것은 어떤 것인지
생각해보게 만드는 통영꿀빵
지금은 레몬 향 나는 것도 있고 커피 맛 나는 것도 있어서
어느 것이 오리지널인지 헷갈리는 통영꿀빵
오리지널을 모방해서라도 돈을 벌고 싶은
다급하고 애타는 마음을 알려주는 통영꿀빵
저작권이라는 것에 대해서
생각해보게 만드는 통영꿀빵
유사품이 넘쳐나는데도 너그럽게 넘어가는
개발자 부부의 따뜻한 인심이 느껴지는 통영꿀빵
꿀이 아니라 인심의 달콤함이
단팥이 아니라 인심이 가득 들어차 있는 통영꿀빵

- 「통영꿀빵 - 전국 일주 중에 통영에서」 전문

  이상하게도 2025 아시아태평양경제협력체 APEC 정상회의 이야기를 자주 하게 되니 나도 속물인 것 같다. 금방 본 걸 이야기하는 것을 견물생심이라 하니 어쩔 수는 없는 이야기다. 이번에 중국의 지도자 시진핑에게 경주의 특산물 황남빵을 선물했다고 한다. 나도 먹어보았지만, 너무 달아서 당뇨를 앓고 있는 나에겐 맞지 않는 빵이다. 통영을 여러 번 다녀온 나에게 통영 꿀방

역시 너무 달아서 내 기호엔 맞지 않는 빵이다. 그렇지만, 그 지역 특산물이 그지역의 경제활성화에 얼마나 큰 기여를 하는 지 이번 APEC 정상회의에서의 황남빵이나 통영의 꿀빵을 보면 그 가치를 판단할 수 있을 것 같다. 요즘은 지방자치시대라 각 지방자치단체마다 '하늘다리다, 공원이다, 축제다.하며 그 지방을 알리며 관광객을 끓어모으는데 막대한 세금을 쏟아붓는 실정이다. 어떤 동네는 한번의 행정실수로 모라토리엄에 가까운 재정상태에 직면해 있고, 어떤 동네는 한번의 행정 성공으로 부자동네로 거듭나기도 한다. 그러나 통영꿀빵처럼 그 지역의 특산물은 그 지역의 경제를 이끄는 효자특산품이 되기도 하는데, 이를 음식 위주로 알아보자면 포천이동갈비, 영덕대게, 보성녹차, 강화인삼, 풍천장어, 담양떡갈비, 안동간고등어, 횡성한우, 통영충무김밥과 같은 것이다. 일일이 열거하자니 너무 많아 이 정도로 줄이지만, 통영꿀빵과 같은 지역 특산물이 지니는 의미는 단순히 재화 창출이라는 의미를 넘어서 통영출신 사람들에게 자부심을 갖세 하는 동시에 시억민들을 하나로 묶어주는 단합의 효과도 가져온다. 그런 점을 감안해본다면 김근태 시인의 이 시 「통영꿀빵」 통영사람들에게 매우 고마운 시이다. 나는 김근태 시인이 체계적인 시창작수업을 받았는지는 알 수 없으나, 한 행은 설명하고 한 행은 결론짓는 시창작 방식과 그 끝에 통영꿀빵을 후렴처럼 반복해 리듬감을 지니게 한 점은 오랜 시창작

과정에서 나오는 묘사심상법의 한 예로 높이 평가한다.

3. 추억을 통한 삶의 언어

>석간신문 배달하러 갔더니
>창사 10주년 기념 파티라시며
>귤을 주머니 속에 넣어주셨다
>
>사무실을 나오면서
>주머니 속으로 손을 넣어 만져보았다
>
>따뜻했다
>귤이 아니라 지구였다면
>이 지구가 따뜻한 마음을 가진 사람들만 사는
>그런 곳이었다면
>
>얼굴은 예쁘장하지만
>성격은 무척이나 까탈스러운
>어느 아가씨가 있는 사무실에 배달하고 나오면서
>하나를 까서 입안에 넣었다
>
>-「신문 배달 시절·2」

아르바이트가 활발하지 않던 시절, 나도 고등학교 때 잠시지만 신문배달을 했었다. 가끔 터미널 근처에는 구두를 닦으라며 신발을 벗겨가는 소년들이 있을 뿐, 당시 소년들의 주머니를 채울 수 있는 방법은 거의 전무했다.

전방지역에서 자랐던 나는 초등학교에서 돌아오면 금속탐지기로 개울바닥을 샅샅이 뒤지며 총알이나 깡통을 캐서 고물상에 파는 것이 아르바이트의 유일한 방법이었다. 그러다 고등학교에 들어가 자취를 했던 나는 새벽에 신문 300부를 돌리고 학교에 가려면, 온몸이 땀으로 젖어야 했다. 신문이 조금 늦는 날이면 어른들이 밖에 나와 신문을 기다리기 일쑤였고, 겨울이면 장갑을 사주는 사람도 있어 김근태 시인이 귤 하나를 선물받은 것처럼 정말 가슴이 훈훈해짐을 느꼈던 것 같다. 당시엔 샤워시설이 잘 되어 있지 않았고, 나는 부엌에서 바가지로 물을 끼얹어 목욕을 하고 학교에 가곤 했다. 나는 조간신문을 배달했고, 내 친구는 김근태 시인처럼 석간신문을 배달했다. 김근태 시인이 신문배달을 한 중학생 시절 어느 회사 사무실의 창사 10주년 파티 현장에서 성격이 까탈스러운 여직원에게 받은 귤 한 개는 그 어떤 선물보다 값진 선물이었으리라 생각된다. 이성에 대해 함부로 다가갈 수 없는 나이, 그러면서도 이성을 그리는 나이에 이성이 베푼 작은 성의는, 비바람 불고 눈보라치는 도시골목에서의 신문배달 소년의 가슴에 훈훈한 정(情)을 선물한 것이다. 귤은 원래 차가운 곳에 놔두고 까먹은 과일이다. 귤을 삶아먹거나 구워먹는 일은 없으니까 그 사무실 아가씨가 건넨 귤을 받아 "따뜻했다"고 말한다는 것은 정이 그리웠다는 말로 풀이할 수 있다. 그리고 그는 말한다. 귤이 "귤이 아니라 지구였다면 / 이 지구가 따뜻한 마음을 가진 사람들만 사는 / 그런 곳이었다면"이라고. 그의 그러한 가정(假定) 속에는 그가 지극히 외로운 청년시절을 보내고 있었음을, 그래서 따스한 정이 그리웠음을 암시한다. 그러나 나는 탤런트 김혜자 선생이 한 말처럼 "외로우니까 사람이다."라고 생각한다. 그런 절실한 외로움이 청년 김근태를 시인의 길로 이끌지 않았나 생각한다. 나 역시 외롭고 힘든 청년시절을 견뎌냈으니, 동병상련의 마음이랄까? 김근태 시인이 친동생처럼 살갑게 느껴진다.

> 어렸을 적
> 글짓기 대회에 나가서 상 받았는데
> 그 후로는 한동안 상복이 없었다
>
> 그때 그 상은 귀신이 방귀 뀌어서 받은 거라는
> 아버지 말씀
> 좋은 표현 다 냅두고
> 왜 하필 방귀였나요
>
> 오늘 지하철 탔는데 어디선가 들리는 소리
> 그 사람 체면 생각해서 모두들 못 들은 척했지만
> 잠시 후엔 모두들 얼굴을 찌푸렸다
> 코를 막는 사람도 있었다
>
> 역에 도착하니 문이 열리자마자
> 후다닥 뛰어나가는 그 사람
> 어찌나 빠른지 자세히 못 봤지만 여자 같았다

남자였어도 창피했을 텐데

우리나라는 남자 귀신은 드물다
여자 귀신이 대부분이지
방귀 뀌고 창피한 건
사람이나 귀신이나 마찬가지겠지
하물며 여자 귀신이라면야

참겠지
혼신의 힘을 다해 참겠지
귀신이 방귀를 뀌어야 하는데
그래야 내가 상을 받는데
안 뀌고 참으니 나는 어떡하라고

내가 어찌 되건 말건
자기들 창피 안 당하는 게 더 중요하겠지

이기적인 것들아
니들이 방귀 좀 뀌어서
나 상 좀 받게 해주면 안 되냐

- 「방귀」 전문

  금년에는 트럼프의 대 중국 관세 55%의 영향에 따라 세계적으로 대 유행을 하고 있는 할로윈데이에서 중국산 해골이나 복장은 찾아보기 힘들 전망이라 한다. 그런 반면에 미국 CNN TV를 비롯한 각국의 방송사가 올해는 "K팝 데몬 헌터스"라는 애니메이션 영화에 나오는 저승사자 복장이 할로윈데이에서 크게 유행할 것이라며 앞다투어 내보내는 정보이니 귀신까지도 한류귀신의 시대가 온 것이다. 국립중앙도서관에 방문하는 관람객의 숫자가 사상최대치를 경신하였다고 연일 보도되고 있고, 그곳에서 팔고 있는 기념품 굿즈 중에 호랑이 등에 탄 까치가 있는 호작도형 굿즈는 날개 돋친 듯 팔려나가 품귀현상을 보이고 있고, 귀신들이 쓴 갓(모자)와 그들의 검은 옷 또한 매우 인기있는 상품이라고 한다. 우리 형제들은 어릴 때 방구쟁이로 통했다. 가난에 허덕이던 우리 살림에 우리 식구의 밥은 언제나 꽁보리밥이었고, 그 때문에 우리 형제들은 방귀를 뀌지 않고도 당사자로 손가락질을 하며 도망가는 친구들을 어처구니 없이 바라보아야만 했다. 방귀에도 여러 가지가 있다. 몰래 새어나오는 실방귀, 살짝 조금씩 뀌던 핏방귀, 소리를 내며 뀌는 피리방귀, '뿡'하고 뀌는 폭탄방귀, '독개스 살포다'라며 공개적으로 뀌는 독개스방귀 등 방귀의 소리와 냄새에 따라 이름을 달리해왔는데, 요즘 사람들은 거의 방귀를 뀌지 않는다. 방귀가 자주 발생하는 원인은 소화가 잘 되어서 그런데, 옛날 사람들이 방귀를 잘 뀌는 원인은 보리밥이나 감자, 고구마, 나물 같은 푸성귀를 자주 먹어 생기는 현상이라고 한다. 어릴 적부터 글짓기 대회에 나가서 상을 받았던 김근태 시인, 그의 아버지 말씀으로는 "그때 그 상은 귀신이 방귀 뀌어서 받은 거라" 하셨지만, 실은 그때 그 계기로 말미암아 시인의 꿈을 저버리지 않고 오늘에 이르렀을 터, 오랜 시간동안 꿈을 버리지 않고 도전해 마침내 시인이 되고, 그것도 두 번째 시집을 상재하는 김근태 시인에게 큰 응원의 박수를 보내드린다.

 이상에서처럼 김근태 시인의 시 몇수를 읽어보면서 그의 예술세계를 여행해보았다.
 김근태 시인은 세상을 풍자적 시각을 통해 마이웨이적이고 지극히 개성화된 시어를 쓰고 있었으며, 취미활동을 통해 '나는 누구인가, 무엇을 하는 사람인가' 등에 대한 깊은 고민과 성찰적 언어를 사용하고 있었다. 모든 인간은 살아왔고, 남은 인생을 더 살아가야 하는데 그런 삶 속에서 얻어진 추억을 아무렇게나 내버려두지 않고 육화하여 시를 통한 삶의 언어를 그리고 있었다. 그래서 나는 김근태 시인의 시를 일컬어 "현실의 삶과 모순된 사회의 거리조정 시학"이라 평한다.

김근태 제2시집

잊을 수는 있어도 지울 수는 없는 것

초판발행일 2025년 10월 31일

지은이 : 김근태
발행인 : 김순진
편집장 : 전하라
디자인 : 김초롱
펴낸곳 : 도서출판 문학공원
등 록 : 2004년 3월 9일 제6-706호
주 소 : (우편번호 03382) 서울 은평구 통일로 633
　　　　녹번오피스텔 501호 스토리문학사
전 화 : 02-2234-1666
팩 스 : 02-2236-1666
홈페이지 : https://blog.naver.com/ksj5562
이메일 : 4615562@hanmail.net

※ 책값은 뒤표지에 있습니다.
※ 저자와의 협의에 의해, 인지는 생략합니다.
※ 이 책은 한국예술인복지재단의 후원금으로 발행되었습니다.